Hanns-Diethelm Blunck
in schwerer see zuhause

Hanns-Diethelm Blunck

IN SCHWERER SEE ZUHAUSE

Roman

Der Autor:
Hanns-Diethelm Blunck, 1972 Abitur, 1972 bis 1977 Studium der Philosophie, Germani-
stik, Psychologie und Pädagogik an den Universitäten Lüneburg und Hamburg, danach
kaufmännische sowie Verwaltungsausbildung; Ununterbrochene literarische Aktivitäten
seit dem 11. Lebensjahr und Vielleser.

Herstellung: Libri Books on Demand
ISBN: 3-8311-0747-5

**konzept
zur "spontanlyrik":**

spontanlyrik ist eine
literarische gattung, die,
wenn bisher überhaupt fest-
stellbar, so zumindest unter
dieser bezeichnung neu ist
in der literaturgeschichte.

texte, von mir verfaßt, die
die aufgabe und die orientierung
der "spontanlyrik" festlegen
und darstellen:

(1) worauf es essentiell ankommt
beim dichten:
daß man leer wird von leidenschaft
und dem lauscht, was einem in
jedem moment eingegeben
wird, daß man die einheit
erkennt, die uns mit allen
dingen verbindet, einsmacht
und mit allen zeiten ver-
bindet, denn es besteht kein
unterschied zwischen gestern
und heute, zwischen ich und
du. man sollte nichthandeln
nach dem koan "zeige mir
Dein gesicht, das Du hattest
vor der geburt!" man sollte

der gottheit (meister eckehardt) oder
dem tao, dem brahman (buddhismus)
überlassen, was zu tun ist, denn letzten-
endes hat "es" das schon unter-
nommen vor der trennung von
"geschöpf" und "schöpfer".

(2) es ist nicht wichtig, ob die um-
welt einen wert in den erstellten
werken erkennt, sondern

1. daß lyrik und prosa wirklich
spontan herausgeschrieben wird
ohne das hemmnis einer zensur.

2. daß man sich wirklich den
eingebungen des "lebensstroms"
hingibt und nicht weiter nach
dem sinn des eingegebenen
fragt. die kosmische ordnung
ist für den erdenbürger ohne-
hin nicht zu durchschauen, sie
kann sich aber dann und wann
und wenn das betreffende me-
dium sich wirklich und ernsthaft
entleert hat von egoistischer leiden-
schaft, einigen auserwählten
mitteilen.

(3) lyrik soll mit einer sehr umfassenden
aufgabe versehen werden, nämlich als mittel,
zum bewußtsein höherer vorgänge
und welten (novalis: "unsichtbare welt")
zu gelangen, indem nämlich zeiten
und räume keine rolle mehr spielen;
vielmehr legt meine neue lyrik wert
darauf, alle zeiten und räume miteinander
zu verquicken, solcherart, daß auch das
scheinbar antagonistische friedlich neben-
einander gestellt wird, böse fakten aus
der historie aus höherer, entrückender sicht
gesehen werden und so, sozusagen,
aller bewertungen entzogen werden (zu bewerten
soll auch weiterhin die aufgabe derjenigen
bleiben, die sich zu bewerten berufen fühlen!).
überhaupt spielen fakten keine große
rolle mehr; auch traum- und "realitäts"-ebene sollen
austauschbar gemacht werden.

(4) der stoff, der sich zu lyrik verklärt, soll im-
mer weniger aus der außenwelt
kommen, sondern soll vielmehr episodenhaft
den ewig ablaufenden inneren "film" wieder-
geben, der im unterbewußtsein "gesendet"
wird. es ist deshalb wahrscheinlich notwendig,
alle mittel und wege zu ergreifen und zu
begehen, die sich anbieten. wenn nötig,
muß man sich dem konzept "mit leib
und seele" verschreiben. vielleicht

und seele" verschreiben. vielleicht
können nur drogen und alkohol den
weg zu den "inneren paradiesen" öffnen,
aber vielleicht gibt es auch andere wege,
über die hier nur allzu wenig bekannt
ist.

(5) die oben aufgeführten texte stellen
meine bisher sämtlichen theoretischen texte
zum phänomen "spontanlyrik" dar, das mich nach wie
vor sehr intensiv beschäftigt.
inzwischen stellen sich mir die aufgaben, wenn
nicht neu, so doch komplexer:
a) lyrik und prosa sollen innerhalb des
"projekts spontanlyrik" derart miteinander
verwoben werden, daß es keinen sichtbaren unterschied
mehr gibt zwischen dem erzählenden und dem
fühlenden dichten. gefühl und sein nach außen gekehrtes
spiegelbild "denken" sollen mehr und mehr
miteinander verquickt werden.
b) es soll, mehr als bisher wahrscheinlich geschehen,
wert darauf gelegt werden, die wege des Göttlichen
oder kosmischen prinzips darzustellen, soweit man
darüber in der "inneren schau" einblicke erhält. über-
haupt ist dichten für mich wieder mehr passives
lauschen auf von außen oder vielmehr von innen gegebenes
geworden als aktives sichinekstaseversetzen durch
drogen und andere rauschmittel.

an ingelore

wenn du doch wüßtest
wie sehr ich mich täuschte
als ich ja sagte
zu dir und deiner art zu sein

vielleicht auch weißt du es schon
vielleicht auch dachtest du
schon daran
als ich deinen mund nahm
an den silbernen wassern
darin der tod wohnt

wenn du doch wüßtest
wie sehr ich mich täuschte
als ich ja sagte
zu dir und deiner art zu sein

vielleicht auch weißt du es schon
vielleicht auch dachtest du
schon daran
als du in meinen armen lagst
und mich fragtest:
"wirst du mich auch nicht vergessen?
wenn du wieder daheim bist
und deine alten wege gehst?"

ja ich gestehe

ja ich gestehe
ich vergaß dich
kaum daß du meinen mund freiließest

das spiel war schön
du warst gut in meinen armen
ich mochte deine stimme
ich liebte deinen atem
der etwas nach bier roch
gern nahm ich deinen mund
und deinen leib
aber ich vergaß dich
kaum daß du meinen mund freiließest

es scheint so lange her

es scheint so lange her:
wir dachten sie würde sich in uns verlieben
als wir mit ihr schliefen

doch sie war ein kind
des windes
und ihr lachen:
wir habens noch nicht vergessen

noch immer sehnen wir uns
nach ihrem weichen haar
nach ihrem mund
der so wild war
nach ihrem schoß

ich kann dich nicht verraten

laß mich sagen
daß ich den befehl gebe
zu schlafen und zu suchen
und zu zerstören

du der du zerbrochen bist
an deiner eigenen macht
der du den ganzen tag abwesend bist
der du könig bist
zum heil deiner enkel
du den ich nicht verraten kann:

ich mordete einen schlächter
der ein lamm getötet hatte
das meine einzige sonne war

ich nahm es
das tot war und noch warm
in meinen arm
und fragte die finsterste nacht:
"warum nahmst du mir mein licht?"

ich ging durch die straßen
"ihr nahmt mir mein einziges!
ich bin zerbrochen am verstand
eis ist meine seele nun
kaum noch teil dieser welt!"

an melanie

du sollst die einzige sein
in meinem herzen
du allein bist als bild
in meiner seele

warum nur mußtest so früh
du gehn?
doch meine liebe baut eine brücke
hinüber zu dir
zu dir
noch einmal will ich bei dir sein
und nie mehr dich missen müssen

warum angst haben um das morgen

warum soll ich angst haben um das morgen?
heute bin ich blau und morgen bin ich nüchtern
ich spiele nicht mit dem ball
ich bin der ball ist ich

warum soll ich angst haben um das morgen?
heute gehts mir schlecht und morgen gehts mir gut
ich denke nicht sondern erfahre:
ich will für dich dasein

wohl spür ich

wohl spür ich
daß ich alt nicht werden kann
ists doch schon so tot in meinem herzen

wohl spür ich schon
den todesschmerz in meiner brust
und mir ist so weh
so weh

wenn doch die gedanken nur
nicht so grausam wären!

im tagesgespräch

im tagesgespräch
werden behauptungen
zu gewißheit und wahrheit
die zeiten verschwimmen
im licht der erkenntnis

niemand will von meinen
herrlichen visionen wissen
außer dir-

oh du unausfüllbares ich

auf dem weg zur erkenntnis

ich bin gekleidet
nach spätkapitalistisch-dekadenter art
mein interesse gilt nicht
dem wohl der arbeiterklasse
sondern allein meinem eigenen

ich seh meine fehler wohl ein
doch sie zu meiden
bin ich zu schwach
.... und trotzdem bin ich
auf dem weg zur erkenntnis

jeder mittelmäßige psychiater
wäre in der lage festzustellen
daß ich schizophren bin
es gibt leute
die angst haben vor meinem blick
weil er so irre ist

ich seh meine fehler wohl ein
doch sie zu meiden
bin ich zu schwach
.... und trotzdem bin ich
auf dem weg zur erkenntnis

ich hänge an dieser welt
des scheins und traums
"mit klammernden organen"
ich habe ein schlechtes karma
ich bin apathisch und verweichlicht

ich bin dem alkohol sehr zugetan
mit meiner gesundheit stehts nicht zum besten

ich seh meine fehler wohl ein
doch sie zu meiden
bin ich zu schwach
....und trotzdem bin ich
auf dem weg zur erkenntnis

daß diese welke blüte

daß diese welke blüte
dein mund einmal mein eigen
war: kaum kann ichs glauben

daß diese lichten wolken
dein lächeln einmal mein eigen
war: kaum kann ichs glauben

doch nun:
umwölkt finstere nacht
dies so müde haupt
und nur selten noch
dämmert erinnerung

ich schenke dir

ich schenke dir
mein langes schwarzes haar
und wenn ich sterbe
hänge es als trophäe
über dein bett

in meinem hirn
finden nukleare explosionen
ein jähes ende:

schon dämmert mir
erkenntnis....

sonne dich

sonne dich in meinen tränen
pan's flöte lockt
und mit schaumtriefenden lippen
stürzt du davon

davon: in die endlosen weiten
dieser verfallenen grenzstation
zwischen dem nichts
und dem gott

warum denn nur
leuchten diese grausamen augen noch
in der finsternis?

und wenn du zu fliehen suchst
fliehst du
- in deinen eigenen leib zurück

so viel kummer

so viel kummer
und du mußt dein ich finden
ich fühle mich wie ein kleiner junge
und bin doch verurteilt
erwachsen zu sein

wie tiefe brunnen

wie tiefe brunnen sind meine augen
der schlaf der uns erschuf würgt uns:
schon sehen wir eine tosende quelle
darin der alte adler seinen schnabel kühlt

wenn doch dieser entsetzliche schmerz
in meinen schläfen ein ende fände!

gnade und verwirrnis

ein blutendes herz
stirbt langsam in meinen händen

und als ich unsicheren schritts
nach hause ging
spielte die harmonika ein lied
und scherben lagen auf der straße
daß ich nicht wußte
wo ich war
und meine sinne verwirrten sich

im nächtlichen schlummer
plagten mich ängstliche visionen
ein auge
blickte finster von den zinnen trojas
und da der kampf ein schreckliches ende nahm
applaudierte ein entartetes blödes mädchen begeistert

leichten schrittes erhob ich mich
zu sehen in des königlichen adlers grab
in die katakomben
die verborgen liegen hinter erloschenen feuern

und wie eine gnade gottes streifte mich
lalenas goldenes haar
und ich wiegte mich zu geilen träumen
oh wenn ich doch dich berühren könnte......

ich glaube ich habe noch ein verzeihen zu sagen
ich kann nachts nicht schlafen
wegen der schweren schuld
und sie kann nicht getilgt werden

ich muß den hügel hinuntergehen
das brot zu brechen
und den wein zu trinken

oh wenn es nur nicht schon zu spät......
ich bin weit weg von zu hause
und kann nicht schlafen
ich bin ein böser dämon in meinem blute

in deutschlands straßen

in deutschlands straßen
herrscht krieg: die zahl der menschen
ist größer geworden,
obwohl die ewigen faschisten
schon einige mordeten.

jeder, der im bau saß
oder sitzt, ist ein potentieller
revolutionär. und wenn
ihr die leute weiter foltert
und mißhandelt und ihnen
die menschenwürde absprecht,
wird die zahl eurer feinde bald größer sein
als die eurer freunde:
und verlaßt euch darauf:
wir werden euch hinwegfegen!

manchmal

manchmal,
in momenten der erleuchtung,
ist es mir möglich,
in der vielzahl das einssein zu erkennen
mit dem göttlichen licht.

manchmal,
in augenblicken der wahrheit,
blicke ich durch den schein,
sehe ich einige glückselig-bange atemzüge lang
das herrliche gleißen des weißen lichts.

manchmal,
in momenten der entrückung,
fühle ich meine seele sich auflösen
und aufgehen in dem großen ganzen
des ewigen weltgeistes.

manchmal,
in momenten visionärer schau,
verschmelze ich mit
jesus christus und gotama buddha,
bin ich eins mit all den großen seelen,
die befreiung erfahren haben.

langsam geht die sonne auf

langsam geht die sonne auf,
um meine brauen zu wärmen,
läßt die schatten verwischen,
läßt sie bleiben nun,
trocknet den sturm,
den der schlaf geschaffen hat:
ich erwache.

das feuer des morgens soll den wind reiten,
auf dem wind verbrennt es
das gras und die unendlichen wälder,
das feuer der sonne mordet alles,
was wir sehen können:
gut und böse.

und wenn dann alles,
was wir kennen,
erstorben und erloschen ist
und wenn all die dinge,
die wir lieben in dieser welt,
vergangen sind:
vielleicht beginnt dann
die götterdämmerung für die völker der welten?
neu zu beginnen,
neu sich zu bewähren.

das ende des traums
soll der beginn der realität sein.

an thomas

lange wandelten wir hin
im finstersten aller wälder.
leichten schrittes mißachteten
wir die gefahr.

und im flußbett,
in unermeßlichen tiefen
erstanden so wehe bilder
von verfall und fäulnis.

wenn all die herrlichen bilder

wenn all die herrlichen bilder,
die seit milliarden von jahren
bestandteil deiner seele sind,
realität dieser welt des scheins und traums sind,
wird das reich,
das da kommen wird,
errichtet sein.

nun scheint die sonne wieder

nun scheint die sonne wieder,
und jeder ihrer strahlen versucht,
mein herz zu erwärmen,
doch so kalt ists darin,
so kalt vom tod, der darinnen
nagt.

sehnsucht
5. fassung

mein herz ist so schwer,
daß mir zum weinen ist.
..... und die nacht , die dämonin
der geheimen wünsche, lockt so sehr!
ach: wo ist der fluchtweg?

was für ein lauf

was für ein lauf böser zeichen
ist das menschenleben!
warum denn nur weine ich
den tod meines hirns,
darin nukleare explosionen
ein jähes ende fanden?

was für ein lauf böser zeichen
ist das menschenleben!
hingelagert auf grünes
weiches moos,
erwarte ich den silbernen morgen-
wind,
darin der lächelnde heiland reist,
die sanften hügel dieses lands
zu grüßen.

..... und niemand beachtet
seinen fall hin
längs des grausen moors.

niemand stöhnt bei seinem
hinsterben in frostiger nacht,
da die bluttriefenden wölfe sich
an seinem heiligen leibe laben.

oh christ,
sühner meiner schuld,
warum hast du die welt

so einsam verlassen?
muß ich gehn,
meine lippen mit rotem wein
- deinem blute - zu tränken,
und das dunkle brot
zu brechen?

ein leben mit mittlerer reife

jürgen erzählt
er sei immer gut durchgekommen
mit seiner mittleren reife
ein ganzes jahr ists nun schon her!
seufzt er

denkt nach

denkt nach
daß ihr die große illusion
verliert!
denkt nach
damit ihr nicht weiterhin glaubt
die zukunft werde gut!

schreckensbilder
tauchen vor mir auf:
die luft ist voll
leichengeruch
alles trägt den
keim des niedergangs

es ist soweit

es ist mal wieder soweit:
man zeigt sich gut gelaunt
man zeigt dem tod die zähne
man lacht
man scherzt

was soll aller überdruß
weg damit!
auf freunde
die realität ist eine möglichkeit
die gewonnen sein will
die umkämpft sein will

nichts ist ewig
doch ein lächeln schlägt die brücke
hinüber zum unvergänglichen

lied 2

im feuerschein
sieh!
erscheint das zuversicht weckende
antlitz fortunas

"empfange du deinen
wanderstab
und folge mir
nicht lange mehr
und der horizont
wird ein freudiges erwachen sein"

und freudig eilst du hin
deinen schicksalsspruch zu vernehmen
der dir schmerz und leid
doch auch glück und hoffnung verheißt

glaube deinem weg
denn dein geist
weiß bereits das ziel

jokularis 1

bäcker
reiche du mir
einen stoß frischer torten
auf daß ich schlemmen kann!

warum ist so angstvoll dein herz?
das essen war gut
der hunger ist gestillt
doch nun dürstet mich!

konditor
reiche du mir
ein schälchen warme schokolade
daß ich den durst löschen kann

des nachts

was schwebt des nachts
so sacht
an grauen mauern hin?

ists der mond
der zart seine flügel ausbreitet
über die verblichenen hügel der nacht?

wohin treibt der kahn noch
so spät
dessen fracht der laue westwind ist?

im wald sammeln sich
dunkle schatten

mutmaßung 3

ich hoffte die ganze zeit
ich möge unentdeckt bleiben
schweiß rann mir über den rücken:
        angst

man sagt
es sei eine liebesheirat gewesen
doch wie es wirklich aussah in
ihrer ehe
darüber konnte man bestenfalls
vermutungen anstellen

"und ich sage doch:
mir ist nur die hand ausgerutscht:
unsere ehe war glücklich!"

forme deinen mund nicht

forme deinen mund nicht
als wollest du etwas mitteilen!
ich liebe dich
aber ich will nicht mit dir gehen!

versteh:
du bist eine versuchung
und ich widerstehe dir
- mit aller kraft!

schon mal ging ich hinaus
in die welt
und stellte mich ihr
- und verlor mein ich!

nun bin ich entschlossen:
nichts lockt mich hinaus
- auch du nicht!

verzeih!

lied 3

wie herrlich
als kind zu sterben
als wissender!

wie herrlich
die große einheit
und unschuld wiederherstellen zu können!

und durch den tränenschleier
bricht strahlend
ein schönes wissendes lächeln!

jokularis 2

eine schnecke
gewandet in eine kastagnette
trieb die straße entlang
und traf einen igel - oh

ein floß
gestrandet an einer klippe
stöhnte leis sein schlummerlied
als der himmel sich bewölkte - oh

löse mich entsetztes

löse mich entsetztes
füge mich zerbrochenes
beschwichtige mich angeekeltes
ordne mich ungefügtes

koan

? was ist fragte er fragte der sinn?

dekadenz 3

eine volle rose lang
hielt ich den atem an
merkte nicht unwissender ich
was der tag mir brächte

sitzend auf meinem radio
seh`ich die welt:
wie bunt sie ist!
und wie sie trällert!

schlag ich dir die krücken weg
bist du gleich ein kleiner narr
und ich hohnlache dir

nennt mich louis

nennt mich louis
nennt mich der morgenwind
treibt schabernack mit mir
seid mir bruder und schwester
seid mir freund und kamerad
laßt uns einen krug wein leeren
nehmt den sonnenschein zum gruß
bucht eine reise nach rio:
wohin wollt ihr noch
umpfählt euch pflückt euch
werdet wilde und ausgestoßene
vertreibt die schwermut mit übermut
sucht den punkt in eurem gewissen
der einrastet
wenn man draufdrückt
seid samariter und jude
indianer und neger
mensch und übermensch
laßt uns fröhlich sein
die letzten wilden tage unseres lebens
laßt sie uns genießen
diese sinnbetörende welt
laßt uns jede idee ausschöpfen
wenn der tag nur tag wär
würdest du mich vergessen
aber er ist mehr:
er ist flucht und zuversicht
anfang und ende
trauer und fröhlichkeit

taucht die welt in farben ein
und nehmt einen wachsabdruck mit in unser grab
wenn die nacht vergangen ist
wird sich manches verändert haben
aber eins ist so gewiß wie......

dein trauriges begehr

in deiner trauer bin ich gestraft
in deinem blick liegt all der tod
all die verachtung der welt

jemand nahm mir meinen tag
wandelte ihn in finsterste nacht
es ist alles so schlimm

ein alpdruck lastet auf deiner seele
und du kannst dich nicht befreien
und es ist zu spät
      viel zu spät
            und viel zu arg

tanzende im morgenwind

weiber
bacchantisch tanzend im untergehen der sonne
trunken von einem schweren roten wein
leben licht in den farbenreichen deiner seele

wo gehst du hin
ohnmächtige trauer
entschwinde doch nicht so schnell
laß mich verzweifeln
daß ich nicht wieder hoffnung fasse

doch nein
wie kannst du mich täuschen
wie meine ungeduld hinhalten
will ich doch leben leben
ja: leben

wohin der weg auch geht
ich will warten
ich will ihn gehn
wenn das schicksal mich ruft

ich will all das leid der welten
den schmerz und auch all ihre wollust
ihr glück ihr naives hingegebensein
ausschlürfen mit begierde

sieh
die bleichen weiber
eben noch mit dem duft der verwesung behaftet
eben noch kinder des nahenden untergangs
wie sie jetzt tanzen im licht eines neuen morgen
wie der morgenwind sanft ihre leiber betaut
wie die sonne entrückt in ihren haaren spielt

in mußestunden des geistes

in den mußestunden des geistes
erkennt das sinnende auge
einen fixpunkt inmitten der kreisenden spiralen

und es fühlt sich hingezogen
zu diesem göttlichen ruhepunkte
sehnend voll inbrunst
die verwaiste so finster gewordene seele

das schicksal bestimmt einen anderen weg:
aus den spähren der verwesung
wo das so morbide menschenkleid hinstirbt
muß die leidende seele
ein letztes mal (?) zurückkehren
muß den nimmerleeren kelch
abermals leeren der schmerzvoll verkrampfte mund

er ist wie ein tier

er trank noch einen schluck.
aus dem bierglas.
dann blickte er ihr ein letztes mal
abwesend in die augen.
sagte "goodbye darlin`".
küßte sie.ging.
sie blickte ihm hinterher.
dachte "er ist wie ein tier!"
und lächelte.

flucht aus der wüste

michael erwachte. die sonne stand im
zenit. die luft zitterte in der hitze.
michael beugte sich zu robert herunter.
"he robert wir müssen weiter."
"ach laß mich: es hat keinen zweck mehr."
sagte robert. mühsam.
michael versuchte robert hochzuzerren.
vergebens.

glückliche tage

er schlief ein paarmal lustlos
mit ihr.
nur: um nicht an dinge
erinnert zu werden
die ihn peinlich berührten.
am abend saßen sie
zusammen.
beim wein.
sie sprachen wenig.
und was sie sprachen
hatte einen bitteren nachgeschmack.
renate war übermütig.
z.b. setzte sie sich fremden
männern auf die knie.

später machte er ihr das geständnis
daß er sie nicht mehr liebe.
sie weinte.
dann warf sie ihn aus der wohnung.
"undankbares schwein:
ich hasse dich!"

mit genugtuung stellte er fest
daß sie ihn insgeheim
noch immer liebe.

im hotelzimmer
stellte er sich zunächst einmal
unter die dusche.
dann legte er sich aufs bett.
schlaflos hingen seine blicke
an den gardinen.
am nächsten morgen bezahlte
er seine rechnung.
und reiste ab.
ohne ziel.
aber das war ja nichts neues.
im zug überlegte er sich
wie lange das geld wohl
noch hinreichen würde.
er war bescheiden
doch allmählich wurde es ernst.
mit mißmut
fühlte er dieselben alten stiche
in der herzgegend

happy end

er hatte eine gute konstitution.
das hatte louis wohl gewußt.
so stolperte er
nachdem louis den schuß
auf ihn abgegeben hatte
noch einige hundert meter weiter.
bis er endlich hinfiel.
und liegenblieb.

louis ging zu ihm hinüber.
stand eine weile über ihm.
der da lag.
regungslos. das grinsen noch
auf dem gesicht.
lange starrte louis seinem opfer
in das blutleere gesicht.
dann setzte er sich.
auf den boden neben den
toten. befriedigt!
nun hatte es ein ende:
das jagen und gejagtwerden!
wie lange hatte es gedauert!
und nun war alles vorbei:
ein glückliches ende!

fernsehabend

in den titelrollen sahen sie:
louis micheleux
und petra nowak

um nicht zu verraten
wer der mörder war
wurde nach dieser ansage
abgeblendet.
der darauffolgende film
war eine reportage über
die sexwelle.
der sprecher beklagte
sich (mit saurem gesicht)
über den mangel an erotik.
"in diesen machwerken."
als ein filmausschnitt
aus einem pornographischen film
gezeigt wurde
bekam der sprecher einen roten kopf.
anschließend konnte er
seine sendung nur noch stotternd
beenden.
am ende der sendung ent-
schuldigte er sich.

drei tage

drei tage
bis zur auferstehung jesu.
diesmal wird es keinen
garten gethsemane geben. keinen verrat.
das urteil wird vollstreckt werden an den
mördern dieben und zuhältern.
die hinrichtungen werden öffentlich sein.
die guten dürfen zusehen
und ein "hallelujah" auf ihr eigenes
seelenheil singen.

epitaph

ihre grünen brüste
waren wie unreife äpfel
ihr blauer leib war

eine herausforderung
ihr schwarzes dreieck inmitten

einer nie wiedergutzumachenden
sünde
kein ego te absolvo
keine erlösung

beruhigung

du suchst nach lösungen und formeln
und trägst sie schon längst in deiner seele
du bist verzweifelt und leidest
und fühlst doch in deinem herzen
erquickung und glück
du siehst nur ein nacheinander
eine vergangenheit und eine zukunft
und spürst doch
daß alles zugleich gegenwärtig ist
kind und greis reichen sich die hand

wohin willst du gehn welt?

wohin willst du gehn welt?
warum haucht mich dein atem
so faul an?
warum haben deine so traurigen augen
rote ränder?
und wenn du lachst
klingts fast als seist du trunken
o wohin bist du auf dem weg?

und ich:
fasse mir voller verzweiflung an die stirn
und merke:
sie ist blutverkrustet

schrecken

ein heiliger blick
vor dem kreuz erschaudernd
zwei gehetzte menschen
die dem getarnten satan
zu fliehen suchen
und ein rotes entsetzen
schwebt drohend vom himmel
und alles strebt einer
grünen hölle entgegen
die hämisch lachend lockt

in dunkeln stunden der seele

in dunkeln stunden der seele
ist es gut zu wissen:
daß es wahrheit gibt
daß hoffnung ist

hoffnung ist:
daß auch die finsterste nacht
ein ende hat
daß die bösen klauen der angst
ihre umklammerung lösen

vermeide

vermeide
daß etwas heiliges in deinen blick komme
vermeide
barmherzig und fromm zu sein

sei ganz einfach menschlich
nicht frei von hemmungen
bewußt deines unterbewußten

labe dich an deinen nächtlichen träumen:
sie spiegeln dein selbst

schwankend hin und wieder

schwankend
hin und wieder
bin ich
ein schiff im gelb
der verblassenden sonne
bin ich
ein schilf im teich

tastend
hin und wieder
stolpere ich
ein suchender nach gott
über verblichene schädel
stürze ich hin
ein resignierter

ertrinkend
hin und wieder
bin ich
ein frisch im strom
der ewig überwundenen
bin ich
ein weg ohne ziel

auf einem grünen rasen

auf einem grünen rasen
liegen frisch geschnittene finger
frostig und blutverkrustet
eine schar tanzender kröten
labt sich am mahl der gerichteten

die schädel der gehenkten
verwahrt ein weiser träumer in seiner truhe
auf daß er bei ihrem anblick erblasse
hinstürze
mit blutenden augen
den leib verkrampft

sing mir eine heimstatt

auf einer mauer
verwelkt leis und ungesehn
"liebe ist"

sing mir eine heimstatt
sing mir eine zuflucht

lang war meine wanderschaft
nun bin ich am ziel
ich lag sterbend am boden
begehrte lechzend den himmel
ich war tier und verachtete mich
ich war weiser und war furchtsam
und der weltenschmerz nagte an mir

und nun mein herz
du weltenherz
entselbstes innerstes ich:
sing mir eine heimstatt
sing mir eine zuflucht

meditation 5

aus staub bist du geformt
zu staub sollst du sinken
dereinst wenn deine stirn verwelkt
und dir das atmen mühe macht

die idee hat dich geboren
die idee baut dir ein grabmal
dereinst wenn deine sinne müde werden
und die leere von dir besitz ergreift

wenn nicht für dich
2. fassung

wenn nicht für dich mitmensch
leben was ist dein sinn?
ist nicht der stachel alles seins
nur der haß?

....und wir leben so dahin
gedankenlos und grausam
in unserem selbstmitleid

moskau

(1)
es war mein erster flug
und mir gefiel es

(2)
das hotel in moskau
war gar nicht so schlecht
wie beschrieben worden war
nur das essen.....

(3)
auf unserem zimmer
ging es hoch her
wir aßen kaviar
und tranken besten krimsekt
fast jeden tag waren wir besoffen

(4)
eine nacht
soffen wir mit leuten aus der ddr
und tranken auf du
mit den kumpels
wankten wir durch das hotel
und pöbelten die leute aus dem schlaf

(5)
zwei frauen (verheiratet)
besuchten uns noch spät nachts
und versuchten mit uns zu schlafen
aber wir waren zu blau

dabei hätten wir es schon fürne flasche
parfüm haben können

(6)
das wichtigste
was ich gelernt habe:
die in moskau glauben noch
an den sinn dessen
was sie tun
wir nicht!

wolfgang brackelmann

(1)
als wolfgang und ich
in siegburg ankamen
schlug das miese wetter
gleich auf unser gemüt
und so kehrten wir
in der nächstbesten kneipe ein
und begannen zu saufen

(2)
als unsere blicke trübe und glasig wurden
erzählten wir uns schauergeschichten
"wo sollen wir denn heut nacht pennen
is doch ne scheißstadt
außerdem regnets draußen
und wenn die hier rocker haben
die pissen uns zusammen
und dann liegen
wir irgendwo im straßengraben
und bluten wie die säue"
phantasierte wolfgang

(3)
allmählich kamen wir
in einen solchen horror rein
daß wir uns karten kauften
und uns in den nächsten zug setzten

(4)
der tag nahm dann
doch noch ein gutes ende:
im zug verkaufte uns
ein typ aus jugoslawien
für 10 mark shit
und wir rauchten gemütlich ne pfeife

der große traum ist profaniert

der große traum ist profaniert
von bitteren erfahrungen
die schwer auf der seele lasten

das alleinsein wird unerträglich
die läuterungen bereiten große qual

und dennoch:
ahnend erst
breitet sich große gewißheit
in dir aus

gewißheit:
daß dein tun nicht sinnlos ist
das dein karma gut ist
daß diese welt deiner idee entsprang
daß alles nur schein und trug ist

mit diesem schönen wissen
werden die sorgen ertragbar
blickst du mutiger in die zukunft

doch:
fange nicht wieder an zu zweifeln
denn zweifel ist der erste schritt
in deine innere hölle

komposition no.7

in nächten
wenn der vollmond warm am himmel steht
träume ich oft
vom wiedersehen mit all den verlorenen seelen
die hingegangen sind
in die spähren der verwesung
von wo sie wiederkehren sollen
in diese ach so herzlose welt
wo nichts ist das trösten könnte
wo die menschen oft so grausam
gegeneinander sind
und wo man immer so furchtbar allein ist

der blick taucht die welt
2. fassung

der blick taucht die welt nun
in mystischen nebel
mein sinn:
ihm entfaltet sich das bild
eines endlosen meers
in seiner grünen unbestimmtheit
verschleiert

der sinn geht nirgendwo

das meer:
ist es die vernunft?
so nebelhaft und so verklärt
so tief und so geheimnisvoll

doch lebt wohl
all ihr düsteren erinnerungen:
wir wollen eintauchen
in sphären
aus denen nicht ein laut mehr dringt
von wo kein zurück mehr ist

vision vom tod

ein blutendes herz
atmet die wand
ein schrecken lebt
im nebel

man sieht dem tod
ins angesicht
und fühlt ihn schon
tief versenkt

in seiner eigenen brust

fühlt:
wie der eigene leib
sich an ihn hingibt
eins wird mit ihm

ich dachte an eine andere

und irene winkte mich heran
und nahm mich in die arme

wie schutzbedürftig sie ist!
dachte ich
wie ihre küsse so voller liebe sind!
wie sie sich mir hingibt!
wie völlig entselbst sie ist!

und in ihren armen
dachte ich leidenschaftlich
an eine andere
sehnte mich nach ihren küssen
nach dem duft ihrer haare

irene sagte: "du bist gut hanns!"
ich fragte sie: "warum bist du so deprimiert?"
und irene antwortete: "ich weiß es nicht!
aber es ist so lieb von dir
daß du dich um mich kümmerst!"

an ihren armen
und während ich sie küßte
dachte ich leidenschaftlich
an eine andere
sehnte mich nach ihren küssen
nach dem duft ihrer haare

gott, reich uns Deine hand herab

ein nächtlicher eiswind,
hergesandt von jungen liebenden hoch,
betaut Deine scham.
seltsam ists, daß es uns zieht,
zweisam zu gehen in dem park,
den das nimmermüde auge,
dies beständig lügende,
schon tausendmal einsog.

Dein kuß, verschenkt an eine vage hoffnung,
löst einen augenblick uns vom schein:
wie mag es sein, miteinander eins zu sein
ohne diesen ohnmächtigen erdenleib?
wie mag es sein, ganz sternenleib zu sein
in diesem göttlichen licht?
und sehnsüchtig harren wir im finsteren wald
eines zeichens gottes. gott, reich uns Deine hand herab!

die zeit der ratten

eva liegt darnieder im himmelbett
im sanften atem eines sommerwinds:
wohin ist er geflohen, der mir nahm die
frucht der lippen? der mich schwängerte
auf stinkendem aas?
und ihr blick ist trübe von tränen:
oh: wohin ist er, der das licht mir war
in der finstersten nacht?

fällt Dir das odmen schwer, adam?
träumst Du nicht des nachts von
dem krüppel, der ist die frucht Deiner lust?
denkst Du nicht an Deinen sohn,der
empfangen ist zur schande Deiner ahnen?

adam steht verblendet im spiegel der nacht:
mein blick ist wie ein wind,
der lenkt das antlitz gottes.

der künstler

nichtsahnend und verlockt von fäulnis ist der mensch.
gar selten überkommt uns der lockruf aus
                    längstverwunschenen tagen
da es uns beschieden war, göttern gleich sanft auf silbernen
                    wogen
ewiger beständigkeit zu wandeln, nicht fallen zu müssen
in menschlicher qual.
der künstler ists, den des nachts die ahnungen beschleichen,
                    daß
es gibt ein leben in der heimat;der künstler ists, der
empfängt die herrlichen melodein einer schöneren welt, dem
es beschieden ist, freund den verstorbenen zu sein.

gar seltsam ist diese verwobenheit
von leben und tod, schlaf und erkenntnis. doch ists
nicht die kraft der götter, die lenkt des künstlers
hand? ists nicht die gewißheit, eines tages
einzugehen in die einheit des kosmos, die den künstler
treibt, weiterzuforschen, weiterzusuchen?

wenn es den künstler zieht zu schaffen,
ist eine geheime macht zeuge der enstehung:
wie ein schleier fällt es dem künstler von den augen,
und er erkennt die welt wieder, darin er ist
gezwungen zu leiden; wenn die momente der
entleibung, des hineingehens in die welt der beständigkeit
nicht wären sinn in seinem leben:
wohin sollte er gehn?

und da es regnet, verschwimmt die kontur
der welt in den wassertropfen auf den fensterscheiben:
so ist die welt: gleich einem fluß,
der seinen weg sucht in lehmgewaschenen wassern:
zugleich geburt, tod und auferstehung.

durch dunkle parks
2. fassung

warum muß ich so einsam sein in dieser nacht?
warum geht einsam mein weg durch dunkle parks,
darin die verblendung sukzessiv zeit und gestalt gewann?
..... und doch ist es gut, der versuchung in dieser stunde
besonnenen glücks entkommen zu können, nicht zu denken
an die schwere schuld, an dieser welt unrein geworden zu
sein!

....und nächtliches licht

und wenn Du, fremder, diesen
esoterischen kreis betrittst,
streift leis eine unbekannte gefahr
Dein haupt, nie hörtest Du Deine
stimme wiedertönen so fremd,
so niegehört

.... und nächtliches licht
trieft sanft von schwarzen
himmeln, verlöscht ungesehn
in die häupter auserlesener.

ja ich gestehe
2. fassung

gut war das spiel Deiner zunge
in meinem mund.
gut war es zu wissen, zuflucht zu haben
in Deinen armen. ich liebte Dich,
Deinen atem, der nach bier roch, Deine
sanfte stimme, kaum zu vernehmen
in dieser lauen nacht, Deinen nackten
leib: ich möchte einmal noch
so selbstvergessen träumen davon,
daß es noch hoffnung gibt.
doch kaum ist da noch ein licht,
ich sehe die hand nicht vor den augen,
ich stürze hin, da ich den stein nicht sah,
der mir den weg sperrte. verzeih: ja ich gestehe,
Dich vergessen zu haben, als ich trunken
schwamm im strom der flüchtenden
in dieser trüben nacht. gern nahm ich Dich,
doch kaum warst Du meinen augen
entschwunden: ich erinnere Dich nicht mehr!

das ende der weißen rasse

lang, nachdem ich
gestorben war, erwachte mir
das bewußtsein eines
erneuten endes: mir träumte,
eine welt des glanzes, verfemt
in ihrer blasphemie, zerberste
in die grünen dschungel
afrikas.

fühle, adam, wie Dein odem
verhaucht in das ewige feuer der
vergängnis!

sieh, menschheit: die erde verzerrt
ihre herrlichkeit im
todeskampf. und der bote Gottes
ist wiedererschienen:
die neue sintflut wird sein
das ende eines bangen hoffens.

und Du glaubst noch,
alles werde sich wenden

zum guten?

weil Dein gesicht noch warm
ist vom schlaf, sahst Du
nicht den anfang vom

untergang! blut und
feuer werden sein
die neuen zeichen
der faulenden menschheit

die todgeweihten

die todgeweihten erheben ihr mördergeschrei:
sie fordern das fleisch des adels.
in den gassen sammeln sich bedrohlich dunkle schatten.

"der lebensstrom trägt uns eine melodie heimlich
in den träumen zu. hörst Du, jehova, vernimmst
Du unser schicksalslied, das da singt von tod und
                                    untergang?"

ein schiff schwimmt auf dem strom:
"siehst Du : es strebt eilend dem ufer zu."
doch ach, warum sind die steuermänner

düstere schatten nur, denen alles leben
entwichen, den vereisten händen entglitten ist?
weiß denn, oh Gott, niemand mehr von der

botschaft, die Du uns wolltest zukommen lassen?
uns, der todgeweihten menschheit, die wir die hände,
einsam und verloren im all, zum letzten gruß erhoben haben.

susanne

weißt Du noch, wie wir den mond anbeteten,
der blutigrot am abendhimmel schwamm?
fast, als sei er unser gott!

wenn ich die lust in meinem herzen fühlte
und Dich nahm, überwältigte mich
für einen moment der schein. einen
atemzug lang vergaß ich, daß ich es
bin, der Dich erschuf. und Du! im
angesicht Gottes und selbst nur erträumt.

im spiegel: ich

sieh, bruder, Dein schädel
öffnet sich und ihm entströmt
tödliches gas: äonen und äonen
gesammeltes sterben.

höre, bruder, von fern her
rauscht sanft ein meer,
darin die gebeine Deiner ahnen!

koste, bruder, von diesem
gifttrunk, der bereitet ist,
Deinen ewig brennenden
todeswunsch zu stillen.

schweigt, gedanken

schweigt, gedanken,füllt mich
nicht mit sturm, damit ich
sein kann ganz das rauschen
des windes in den wipfeln der bäume,
ganz der ferne duft des meeres,
ganz die unendlichkeit Gottes.

ein schatten ists noch ,
ein schleier, hauchdünn
und nur ein leiser wind in
meinem hirn, der mich trennt
vor der göttlichen mutter, für
die mein herz in ohnmächtiger liebe entbrannt ist.

ende des schweigens

ich forme mir neue gestirne,
neue welten, einen
neuen kosmos aus dem lehm
Deiner hände, Deines körpers.

in der nacht, wenn
ein neuer mond die straßen
beschattet, lege ich mich auf
Deinen leib zum sterben, höre
ich auf, immer nur zu schweigen,
sterbe ich in einem anfall von
wahnsinn.

in einer nacht

in einer nacht, da meine sehnsucht nach Dir
ward unerträglich, spürte ich meinen atem
zu Deinem werden, spürte ich meinen leib
sich auflösen in Dich.

oh Gott, wie ist das bewußtsein, daß
dieser erdenleib ist so ohnmächtig, leidvoll!

in einer nacht, da meine sehnsucht nach Dir
ward unerträglich, sah ich Dich herannahen
von osten, geformt war Dein leib ganz aus
gleißendem licht.

oh Herr, wie ist das bewußtsein, daß
dieser erdenleib ist so ohmächtig, leidvoll!

da ich hilfesuchend die hand ausstrecke

lieber als den kosmischen traum
enthüllt mir das ich
hinter augenlidern verborgene welten.

räume,
da ich schlaflos nirgendwo wandele,
die lautlos in stiller selbstvernichtung beben.

und da ich hilfesuchend die hand
einsam ausstrecke, berührt sie
verschwiegen meiner schwester eisiger atem.

des nachts berührt zitternd meine schultern
des bleichen knechtes hand,
und seine augen, in fernen träumen entrückt,
sind die fixpunkte seines greisenhaft
zerfließenden gesichts

stumm steht die stille
2. fassung

stumm steht die stille
an dem steuer meines leidens,
träumt traurig vom wind,
der in den segeln schläft.

unerreichbar ist
der in den segeln schläft!

ich bin so arrogant,
daß ich alles über Dich weiß,
wiege mich in geilen träumen,
die Dein bild eindringlich beschwören.

unerreichbar sind
die Dein bild eindringlich beschwören!

ungesehn beobachtet mich ein Gott,
der ganz ausgeburt meiner träume ist;
indessen sehnt sich mein herz nach dem,
der einsam diesen kosmischen traum erträumt.

unerreichbar ist
der einsam diesen kosmischen traum erträumt!

betäubt verlallt in finsterem wald

betäubt verlallt in finsterem wald
sanft ein ausgestoßener
Gottes;
in diesen modernden ruinen
graben ihm
fleischliche schatten ein grab. die
nacht
hat mit ihren silbernen händen
ein licht erstickt:
heimlicher ist der flug
der eulen, kaum bemerkt
sinken leblose
in ohnmächtiger trauer
von braunen giften gefällt
in sanft odmende wogen.

unsere blicke versiegen ins nirgendwo

arme narren drängen sich,
uns zu diensten zu sein! und wir
blicken mit ernsten mienen, darein
ein blutiger atem Gottes verhaucht.

kinderstimmen überschatten
einen ernsten zweifel! warum nur
bebt dieser schwache schatten
in einsamer sehnsucht?

an gelben stränden steht erwar-
tungsvoll der vermummte satan:
.....und unsere blicke versiegen ins nirgendwo!

betäubt verlallt in finsteren wäldern
2. fassung

betäubt von braunen giften verlallt
in finsteren wäldern finnlands
ein ausgestoßener des satans;
schluchzend bedeckt eine
geile windsbraut sein gebein
mit tränen.

des nachts graben ihm fleischliche
schatten ein grab
in einer waldesschneise. lodernd
flackern flammen gen himmel,
und der bleiche mond erstickt
in fahler nacht das feuer mit
seinen eisigen händen.

nur einzelne schatten, die sich
sammeln im waldesgrund, künden
noch von Gottes einsamer wacht!

schön ist es, bei Dir zu sein

in traumloser nacht Deinen
atem einsaugen mit begierde,
Deinen mund nehmen in
einer dunklen kammer und nur
der mond ist unser zeuge:
er ist sehr verschwiegen!

schön ist es,
bei Dir zu sein,
mit Dir eins zu sein.

schön, Dir beim ausziehen zuzusehn,
obwohl Du ängstlich das licht
gelöscht hast! im fahlen mondesschein
wird Dein haar zu seidigem gold.
un Du steigst zu mir ins bett. wie
zwei kinder aneinandergeschmiegt, lauschen
wir der melodie der nacht, lieben wir
uns selbstvergessen eine atemlose
stunde lang.

schön ist es,
bei Dir zu sein,
mit Dir eins zu sein.

laßt uns auf fliegenden chinesischen dschunken

laßt uns auf fliegenden
chinesischen dschunken
zu norwegens fjorden reisen,
damit wir der orgiastischen
untergangsfeier entkommen.

in den lüften begegnet uns
pegasus: wir winken ihm einen
gruß von fernen gestaden,
streuen ein wenig venussand
in seine augen, und er fliegt
davon mit wehendem schweif.

in wirtshäusern, bei einem wilden
fruchtbarkeitstanz, treffen wir
verena wieder: ihr kleid ist naß
von all unseren vergossenen
tränen! ihr lächeln ist das
der mona lisa. wie immer trunken,
küßt sie unsere wangen zum abschied.

und wieder davon, brüder, in sibiriens
steppen. einige wochen camping bei
einem verrückten jäger. stets in angst,
von ihm in einem anfall von wahnsinn
erschossen zu werden. und doch ist
diese angst gesünder als die in den
untergehenden städten, wo die lungen
nur noch staub atmen und gifte.

in rumäniens bergen im slivowitzrausch
erkennen wir unermeßliches: der welt-
untergang liegt bereits in den geburts-
wehen. hurtig, brüder, seid bereit, ge-
burtshilfe zu leisten! laßt uns eine
flasche champagner köpfen! indische seher
geben diese welt verloren und berauschen
sich mit uns zusammen.

aber ists nicht vorgegeben mit der geburt,
daß der tod folgen muß? warum stimmt euch
der nahe untergang dieser erde traurig?
unser ende wird herrlich sein: im delirium
ergreift der tod schnell und sanft besitz
von uns und langsam werden wir davonge-
tragen werden, dahin, wo unsere ahnen sind.

ich bin der schrei, verklungen im abendwind

ich bin der schrei,
verklungen im abendwind;
kaum vernahm ihn Dein ohr,
bevor er erstarb.

ich bin der mond,
der todesfahl am himmel steht,
halb schon nacht und
halb noch licht.

auf eisbedeckten höhen

auf eisbedeckten höhen
labe ich mich an Gottes wein,
träume ich in aller stille
niegesehene träume von liebe
und tod, sende ich grußbotschaften
himmelwärts!

ich liebe diese einsamkeit,
die mir die wahngesichte
eines umnachteten beschert!

ich hört euch singen

ich hört wohl ein wort,
das mir erinnerung schenkte:
jedenfalls ist mir so seltsam zumut.

ich hört euch singen
von liebe, tod und untergang,
und geheimes leid
faßte mich gar seltsam an.

ich denke, ich träumte
wieder einmal
von alten vergangenen zeiten.

dorthin sehnt sich mein herz
zurück, wo freude wohnt
und beständigkeit, wo
alles licht und freundlich war,
alles einander in inniger liebe
zugetan.

doch längst sind die
guten zeiten entflohn!

ahnt niemand

ahnt niemand hinter
dem dünnen schleier
der illusion die gefahr?

verborgen ist unsere scham,
wir unwissende,
in tücher, gewoben aus lüge
und unverstand.

besteht ihr darauf, das
glück mache den armen
reich?
laßt uns aufpassen, daß
der wächter der gesetze
uns nicht fängt, wenn wir
zuviel glück haben!

nur glück.....?

wer hat ein interesse

wer hat ein interesse daran,
mich zu zerstören?
wem liegt daran,
mich wahnsinnig zu machen?

warum bilde ich mir ein, der
raum sei von tieren, schrecklichen
grimmen monstren erfüllt?

ich weiß genau, daß
nichts darauf hindeutet, daß
unter der bettdecke ETWAS atmet!
warum habe ich trotzdem furcht,
darunter zu schauen?

gern möcht ich fliehn

gern möcht ich Deinen
diensten fliehn, doch
möcht ich auch nicht
undankbar sein.

es ist sehr lieb, daß Du
um mitternacht das bett
mir machst und mir das kissen
hinrückst!

warum möchte ich immer wieder
einsam sein? ists nicht schön
zu wissen, daß jemand da ist,
der mir hilft, ein wenig fröhlicher
zu sein? der selbstlos sein
ich mir schenkt?

es ist ein ohnmächtig sehnen
in meiner brust: ich weiß nicht,
wohin es mich führt, welche
welt es zu sehen begehrt, doch
ich folge ihm: bedingungslos!

weltuntergang

mein schatten bedeckt
  die ganze welt und mein
atem erstickt die lichter
  hinter den fensterscheiben.

in meinem schweiß ertrinkt
  die ganze menschheit
und mein blick verdörrt
  die ebenen, daß nicht

ein stein auf dem anderen
  bleibe!

fühlst Du mich gehen

fühlst Du mich gehen,
meinen atem noch in Deinem haar:
ich bin gegangen zu
meinen ahnen, halb wandelnd
schon unter toten,halb
noch im leben.

auch der einsame gesang
der vögel in dieser nacht

bin ich also vergangen?
ausgeschöpft, in dimensionen
ohne wiederkehr, verurteilt
zum erstummen?

ich fühle mich mit neuer
macht begabt:
ich durchdringe Deinen
leib, Du bist nun ganz mit
mir vereint,

ich bin eins mit Dir,
wie wir oft in unseren kühnsten träumen
hofften, ich bin in
Dich zerflossen. nicht nur
in Dich:

in alle leiber verstrahle ich
mein licht,
ich durchströme im warmen atem
Gottes alle zeiten, welten
und räume.

nach der weltrevolution

in andern spähren:
da wird kein wort des unrechts
mehr gefälllt, leben
wir nun!

verändern dünkt uns:
die alte gute erde, auf deren
boden uns gestern noch
alles vertraut war:

doch nun ist es besser,
es sitzt uns kein messer
mehr am hals! wir atmen auf!

die spuren Deiner bluttaten
sind zwar noch frisch, die
Du im namen der von Dir unterdrückten
begingst, mr. president,

aber die freude des
neu-anfangs
wischt uns die letzte träne
auch noch aus dem auge!

denn nun wird es besser,
es sitzt uns kein messer
mehr am hals! wir atmen auf!

nun endlich,
nach milliarden jahren der
knebelung, springt die handfessel
auf, zerbirst der käfig!

schreit euren triumph heraus,
völker, brüder, schwestern,
nehmt euch die last der vergangenheit
gegenseitig von den schultern ab.

denn nun wird es besser,
es sitzt uns kein messer
mehr am hals! wir atmen auf!

Du hast etwas billiges

Du hast etwas billiges,
vulgäres,
verzeih, wenn ichs sag, und
doch sei Dir dies gewiß:
ich liebe Dich!

manchmal glaube ich in
Deinem lächeln,
verzeih, das einer hur zu sehn, und
doch sei Dir dies gewiß:
ich liebe Dich!

Du gibst Dich so gern
allen männer hin,
für die Dein herz in kurzer
leidenschaft entbrannt ist:
ich, verzeih, verstehs nicht, und
doch sei Dir dies gewiß:
ich liebe Dich!

auch wenn Dein
"ich mag Dich sehr"
nur ein lippenbekenntnis wär,
so sei Dir doch dies gewiß:
ich liebe Dich!

trampidylle

baumlose stille, menschenleer,
verlassen,
in einsamen träumen
erschaffen, fernab von
wind und nimmermehr.

ein staubwind treibt blätter
auf,bunte lichter
hinter den fensterscheiben,
der wunsch in unseren herzen:
nach ein wenig wärme und:
.....- niemals mehr im
regen schlafen zu müssen.

erinnerung regt sich an eine
nacht und an viele
andere nächte, irgendwo....

zwei greise häupter

zwei greise häupter,
einander äonen- und
äonenweit zugewandt: in
ihrem lächeln spiegelt sich
all der wahn der welt.

nicht unstet, noch in hast
bewähren sie sich aufs neu
in Gottes
unendlicher güte. weisheit
nicht, noch menschenglück
ließ sie das höchste los
erlangen. stattdessen war
liebe ihr gefährt
und heiterkeit.

AM ERKER
Zeitschrift für Literatur

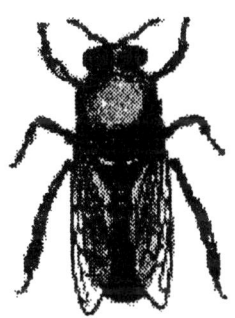

Lieferbare Ausgaben:

AM ERKER Nr. 21 *Der Angestellten-Erker*
Autorenporträt: Wilhelm Genazino. 6 DM

AM ERKER Nr. 22
Interview mit Sten Nadolny. 6 DM

AM ERKER Nr. 23 *Goldgräber, Glücksjäger, Geschäftemacher*
Interview mit Michael Krüger. 7 DM

AM ERKER Nr. 24 *Der Literaten-Erker*
Interview mit Uwe Timm. 7 DM

AM ERKER Nr. 25 *Der böse Mensch in guter Gesellschaft*
Interview mit Paul Auster. 7 DM.

AM ERKER Nr. 26 *Heimspiel: Münster literarisch*
Texte von Spinnen, Kinder, Bulla, Horstmann
Interview mit Jehuda Amichai. 8 DM

AM ERKER Nr. 27 *Dekadenz.* (Herbst 1993). 8 DM.

Abonnement: 4 Ausgaben – 30 DM

Bestellungen an AM ERKER, Dahlweg 64, D-4400 Münster

Anders Denken

Michel Foucault
FREIHEIT UND SELBSTSORGE
Interview 1984 und Vorlesung 1982
Hrsg., übers., eingeleitet von Helmut Becker und Lothar Wolfstetter i.Z.
mit Alfredo Gomez-Muller und Raul Fornet-Betancourt
MP 30, 90 S., 2.erw.Aufl., 21,90 DM, ISBN 3-88535-102-1, Juni 1993

Foucault rekonstruiert aktualisierend die antike Ethik – Sokrates, Plato,
die Stoa – unter dem von ihm zur zentralen Kategorie erhobenen Begriff
der Selbstsorge. Die Ethik der Selbstsorge ist für Foucault aber auch der
selbst praktizierte Modus und Maßstab, um einen Paradigmenwechsel anzu-
zeigen : die Individuen, die von den Individualisierungsstrategien der
neuzeitlich-okzidentalen Diskurse und Dispositive mit hervorgebracht
wurden, könnten sich damit aktual den Ort verschaffen und die Zeit
nehmen, sich als Subjekt zu konstituieren. Sie könnten dabei die Maximen
des Sokrates in Lebenspraxis umsetzen.
Die von Foucault durch verschiedene Transformationen hindurch vorange-
triebene Aktualisierung der sokratisch-stoischen Subjektkonstitution gibt so
eine reflektierte Form ab, die eine Freiheitspraxis des Subjekts be-
gründet. Diese ist in sich selbst politisch, indem Freisein bedeutet,
sich nicht zum Sklaven machen zu lassen – weder Sklave von anderen, noch
von sich selbst und seinem Begehren. Die richtige Bemeisterung seiner
selbst ist die Grundlage, sich richtig um die anderen kümmern zu können.
Die Beziehungen, das richtige Verhalten in ihnen, und die reflektierte
Beziehung zu sich selbst rücken so für Foucault in den Mittelpunkt.

QUALMANACH 4
Lesen wie Gott in Frankreich ,
Schreiben wie der Teufel und nach-
weisen, daß die extreme Rechte die
soziale Atmosphäre vergiftet
Q 4, 84 S. Gh, 1993, ca. 5,00 DM , ISBN 3-88535-148-9, Mai 1994

Aus dem Inhalt:
LOTHAR WOLFSTETTER, DIE INDUSTRIEGESELLSCHAFT VERBREITET EINEN
SCHATTEN VON ANGST UND SORGE UM SICH * CHARLES NODIER, ICH WAR
NOCH RECHT JUNG, GEDACHTE ABER SCHON VOLLER ARGER DEN ÜBELN DER
GESELLSCHAFT * WOLFGANG KREUTZBERGER, DAS GESPENST DES RECHTS-
EXTREMISMUS GEHT IN EUROPA UM * LOTHAR WOLFSTETTER, ICH FÜHLE MICH
TANGIERT * JOACHIM RUDOLPHI, DIE SCHEUKLAPPE * MANFRED RUPPEL,
SCHWANKEN ZWISCHEN WUNSCH UND WIRKLICHKEIT

CONCORDIA 23
Internationale Zeitschrift für Phi-
losophie

m.d.ffen Beitr.: Josef Estermann, Gesicht und Vision bei Levinas * Rolf
Kühn, Kraft, Person und Leben bei Simone Weil * Rainer Merten, Heidegger
und die Griechen * Ricardo Salas, Sprache, Hermeneutik, Befreiung *
Enrique Bocardo, Über Rawls ethische Entscheidungsprozedur *
C 23, 132 S. Pb, 16,90 DM, ISSN 0179-0846, Mai 1993

Materialis

Bestellungen über den Buchhandel
Materialis Verlag, Rendeler Str. 9-11
D-6000 Frankfurt 60